2025 대림절 묵상집

메시아를 기다리는 그 밖의 사람들

(사)한국YWCA연합회 · 한국YMCA전국연맹 · 기독교방송 · 대한기독교서회

대한기독교서회

대림절 묵상으로의 초대

대한민국 사람이라면, 올 한 해 우리 사회가 유난히 더 '위기적' 이었다는 데 대부분 동의하실 겁니다. 정치적 진영이 어떠하든, 신앙적 색채가 어떠하든 어느 쪽도 평안하지 않았으니까요. '내 진영'에 속한 사람들을 지켜내려는 절박함, '내 바깥'의 사람들을 끌어내리려는 격렬한 저항…. '갈라치기'라는 말이 가장 많이 들렸고, '양자 간' 대립이 많이 보였던 해였습니다.

그런데 이렇게 '두 진영'의 힘겨루기가 계속되는 동안 어느 쪽 '우리'에도 속하지 못하는 사람들, 속해 있기는 하나 주목받지 못하는 '그 밖의' 사람들은 소외되고 고통당하며 죽어가고 있습니다. 기록적인 폭염이 전 세계를 끓게 만든 올여름의 초입, 한 외국인 노동자 청년이 열사병으로 앉은 채 숨진 사건을 기억합니다. 겨우 스물세 살. 당신의 '스물셋'은 어땠나요? 모두가 꽃길은 아니었겠지만, 기억 속 그때가 몸의 기력이 다하여 곧 죽을 줄도 모르고 일상을 버티는 정도가 아니었다면, 우리는 이미 '우리' 집단에 속해 있었던 셈입니다.

"자, 우리의 이름을 높이자. 우리 이름을 높이기 위해 벽돌을 만들고 탑을 높이 쌓자!" 문명의 출발부터 권력욕에 사로잡혀 배타적 집단을 만들고 '바벨탑'을 쌓던 엘리트 지배 계층이 아니더라도, 돌아보아 우리의 '스물셋'이 그럭저럭 살만했다면 적어도 우리는 '그 밖의 사람들'은 아니었던 겁니다.

"서발턴(subaltern, 하위주체)은 말할 수 있는가?" 올해 한국을 방문한 탈식민주의 여성학자 가야트리 스피박은 물었습니다. "나는 무엇을 할 수 있을까?" 여성으로서 '그 밖'의 자리에 있으나 엘리트로서 '우리의 언어'를 가진 교차로에서 스피박은 고백합니다. 지식인 여성이 할 수 있는 한 가지가 있으니, 그것은 '서발턴'의 이야기를 성실하게, 진지하게 듣는 것이라고요. 물론 들은 이야기들을 '중심부'에 전해야겠지요. 그래야 시스템에 작은 구멍이라도 낼 '다른 의미들'이 담길 테니까요.

막힌 담을 허무신 '평화의 왕 그리스도'를 기다리는 계절입니다. 하여, 올 한 해 동안 우리 일상에서 만난 '그 밖의 사람들'에 주목했습니다. 언제나 주인공들만 주목하는 우리의 일상 한가운데서 대림의 계절만큼은 예수 그리스도가 주목하신 '그 밖의 사람들'을 만나기를 간절히 바라는 마음으로 올해의 묵상을 나눕니다.

2025년 성탄을 기다리며

백소영

Contents

대림절 셋째 주

대림절 넷째 주

대림절 첫째 주

11.30.–12.6.

함께 드리는 대림절 기도문 1

연대하는 용기로 하나 되어 세상을 밝히게 하소서

주일
11·30

(사)한국YWCA연합회 회장 **조은영**

온전히 사랑이신 하나님,

이 기다림의 계절에 주님 앞에 모여 마음을 열고 기도합니다. 어둠 속에 빛으로 오신 예수 그리스도를 바라보며, 자기 자신과 세상 속에서 갈등하고 대립하는 우리가 예수님처럼 먼저 자신을 내어놓고 주님의 이름으로 하나 되기를 소망합니다.

주님의 몸 된 교회가 세상의 소금과 빛 되라는 사명을 잊지 않게 하시고, 분열과 다툼 가운데서도 주님의 평화로 서로를 품게 해주십시오. "평화를 이루는 사람은 복이 있다. 하나님이 그들을 자기의 자녀라고 부르실 것이다."(마 5:9, 새번역)라는 말씀을 붙잡고, 교회가 먼저 화해의 도구가 되게 도와주십시오.

대림절의 묵상 속에서 우리 자신을 성찰하게 하시고, 성령의 인도하심 따라 깨어 기도하며 우리의 부르짖음이 주님께 사무치게 해주십시오. "너희는 세상의 빛이다. 산 위에 세운 마을은 숨길 수 없다."(마 5:14)라고 말씀하신 대로 교회가 잠들지 않고 깨어 세상을 밝히는 빛이 되게 해주십시오. 특별히 한국교회가 내부의 안일함과 기득권을 넘어서 고통받는 이웃과 자연의 모든 피조물과 함께하며, 하나님의 나라가 이 땅에 임하도록 힘쓰는 교회가 되게 해주십시오. 가난한 자와 약한 자의 친구 되신 예수님의 길을 따르게 하시고, "너희가 여기 내 형제자매 가운데, 지극히 보잘 것 없는 사람 하나에게 한 것이 곧 내게 한 것이다."(마 25:40)라는 말씀을 기억하며 연대하는 용기로 세상을 향해 나아가 행동하게 도와주십시오.

주님, 대림절을 보내며 다시 오실 주님을 기다리는 우리가 서로의 다름을 이해하고, 분열이 아닌 하나 됨을, 무관심이 아닌 사랑을, 안주가 아닌 깨어 있음으로 주님 오심을 준비하게 해주십시오. 이러한 우리의 기도 가운데 주님이 친히 오셔서 우리의 삶과 세상 곳곳에 하나님의 정의와 평화가 충만하게 해주십시오.

이 모든 간구를, 우리의 평화와 소망 되시는 예수 그리스도의 이름으로 기도드립니다. 아멘.

월요일
12·1

막힌 담을 허무는 카리스마, 평강의 왕 예수님의 '재능'

그는 우리의 화평이신지라 둘로 하나를 만드사 원수 된 것 곧 중간에 막힌 담을 자기 육체로 허시고 • 에베소서 2:14

'정당성'은 사회생활을 하면서 매우 필요한 힘입니다. 전통사회에서는 주로 왕이나 아버지, 사제가 그 '정당성'을 가지고 있었습니다. 그들의 말이 '타당'한지는 중요하지 않았습니다. 왕께서, 아버지께서, 스승께서 그리 말씀하셨으니, 순종하고 받아들이는 것이 '정당'하다고 여겼기 때문이지요. 하지만 현대사회에서는 위계적 인격에서 비롯된 정당성이 인정받기 어렵습니다.

올 2025년은 12·3 비상계엄 이후의 급박한 정치적 변동 속에서 누가 '정당성'을 담보할 수 있는가를 두고 갑론을박이 이어졌습니다. 내란이 끝나고 새로운 정부가 들어선 뒤에도 '광장'은 여전히 시끄러웠습니다. 여기서 어느 한쪽을 '정당화'하고자 하는 마음은 없습니다. 막힌 담을 허무신 평강의 왕, 그리스도의 오심을 준비하는 대림절의 첫 묵상이니까요. 다만 전통사회와 달리, 시민들이 저마다의 의견을 '광장'에서 발화하며 '정당성'을 논할 수 있었던 힘에 주목하고자 합니다.

공화제에서 '대통령'이라는 직위는 오직 '법지배정당성'에 의해서만 유지 가능합니다. 전통지배정당성'이니 '법지배정당성'이니 하는 말은 독일의 고전사회학자 막스 베버(Max Weber)가

개념화한 용어입니다. 전통사회에서는 기득권을 가진 특정 인물이 정당성을 독점했지만, 시민혁명 이후의 공화제에서는 '법'이라는 '보편타당'한 기준이 정당성을 획득합니다. 그래서 '불법한 지도자'에 맞선 '시민의 저항'이 가능해진 것이지요.

그러나 시민의 저항권이 확보되었음에도, 그 '저항'은 다시 양쪽으로 갈라졌습니다. 각 진영은 자신들이야말로 '보편타당한 정당성'을 가지고 있다고 주장합니다. 하지만 '보편타당'이라는 말의 뜻을 제대로 알고 있는지 의문스러운 결정이나 행동이 나타날 때가 많습니다. 과연 한쪽이 이기는 방식으로 세상의 평화가 도래할 수 있을까요?

위에서 아래로 성전 휘장을 찢으신 예수 그리스도의 십자가 사건처럼, 지금은 하나님이 주신 재능, 곧 '카리스마'가 필요한 시절입니다. 이는 시민들을 열광시키는 정치적 메시아를 기대한다는 말이 아닙니다. 그게 답이었다면 예수님은 십자가를 선택하지 않으셨을 겁니다. 우리 편에서만 '타당'하다고 여기는 언행은 보편에서 멉니다. '우리'의 '바깥'에 있는 사람들까지도 사랑하시는, 다시 말해 '보편' 자체이신 하나님의 능력에 잇대어야만 우리는 하나님의 법대로 살아갈 수 있습니다. 평화를 가져올 카리스마, '하나님이 주시는 선물'을 고대합니다.

✻ Prayer

사랑의 주님, 막힌 담을 허무신 평강의 왕 예수님의 카리스마가 그 어느 때보다 간절히 필요합니다. 주님을 기다리며 우리도 일상 가운데서 하나님이 주시는 평화를 실천하게 하소서. 예수님의 이름으로 기도드립니다. 아멘.

화요일
12·2

'히브리 사람'을 편드는 여호와를 기억하자

여호와께서 이르시되 내가 애굽에 있는 내 백성의 고통을 분명히 보고 그들이 그들의 감독자로 말미암아 부르짖음을 듣고 그 근심을 알고

• 출애굽기 3:7

"가장 시원한 여름은 '올여름'이다." 환경학자들이 자주 하는 말입니다. 지구온난화를 지나 '열탕화'라는 표현이 등장한 지 얼마 되지 않은 것 같은데, 올여름은 또다시 기록을 갈아치우며 전 세계를 뜨겁게 달구었습니다.

덥든 춥든 사람이 견디기 어려운 온도가 되었을 때 가장 먼저 위험한 상황에 놓이는 건 가난한 이들입니다. 여기저기서 들려온 열사병 사망 소식 가운데 올해 유난히 마음을 아프게 한 사건이 있습니다. 지난 7월 7일, 베트남에서 온 한 청년이 구미의 건설 현장에서 앉은 채로 숨을 거두었습니다. 그날 구미의 기온은 38.2도. 그러나 건설 현장의 체감 온도는 훨씬 더 높았을 겁니다. 그는 처음에 생계유지를 위해 포도 농장에서 일했습니다. 하지만 햇볕에 고스란히 노출된 채 익숙지 않은 밭일을 하기가 여간 힘에 부친 게 아니었죠. 해서 건설 현장이 조금은 나을까 싶어 직장을 옮긴 첫날, 끔찍한 비극을 맞은 것입니다.

그런데 이상한 일이었습니다. 건설업계는 이미 노사 합의를 통해 한여름에는 노동시간을 조정하기로 했거든요. 그러나

청년이 일하던 공사장에서는 그 합의가 적용되지 않았나 봅니다. 정확히 말하자면 이주노동자에게는 적용되지 않았던 것이지요. 그는 협상 '밖'에 있는 사람이었습니다.

이런 부당한 대우는 농업 현장도 마찬가지입니다. 체감 온도 33도 이상이면 2시간마다 20분을 쉬어야 한다는 노동법규가 있지만, 외국인 계절노동자에게는 적용되지 않는다고 합니다. 어디 그뿐인가요? 나주의 한 벽돌 공장에서는 스리랑카 노동자의 몸에 벽돌을 휘감고 지게차로 들어 올려 놀리는 영상이 공개되어 우리 모두를 경악하게 했습니다.

이런 사람들을 가리켜 성경은 법망 바깥의 사람들, 곧 '히브리'라 부릅니다. 모세가 불꽃 가운데 나타난 신께 이름을 물었을 때 여호와는 자신을 이렇게 소개하셨습니다. 나는 엘리트 '우리' 집단이 듣지 않는 히브리의 울부짖음을 듣는 신이라고요. 법, 제도, 규율, 규범에 자신들의 의미가 담기지 못한 이들을 기억하고 복 주는 신, 여호와라고요.

연약한 이들의 울음을 들으시다 급기야 인간의 몸을 입고 우리에게 오신 예수님, 그분을 따르는 우리 또한 취약한 이들의 목소리를 들어야 합니다. 그리고 그 울음을 기어이 '법망 안으로' 가져와야 합니다. 그래야만 우리는 '하나님의 사람들'일 수 있습니다.

✳ Prayer

주님, 대림의 계절에 기쁨에 들떠 탄식의 소리를 놓치지 않게 하소서. 우리에게 민감한 귀와 따뜻한 눈을 허락하소서. 예수님의 이름으로 기도드립니다. 아멘.

수요일
12·3

우리는 결국 이 땅에서 '나그네'입니다

너는 이방 나그네를 압제하지 말며 그들을 학대하지 말라 너희도 애굽 땅에서 나그네였음이라 • 출애굽기 22:21

한 교양 채널의 다큐멘터리 〈네팔에서 온 형제〉 편을 보며 깊은 감명을 받았습니다. 주인공은 네팔 소년 '로히'와 그의 가족입니다. 로히의 아빠는 9년째 이주노동자로 일하고 있습니다. 숙소는 컨테이너를 개조해 만든 한 평 남짓한 공간인데, 작은 벽면에는 로히가 받은 상장들이 빼곡히 걸려 있습니다. 타국에서의 고된 일도 힘든 줄 모르는 것은 바로 아들 덕분이지요.

로히가 사는 곳은 '라한', 네팔과 인도의 접경 지역입니다. 이제 열두 살이 된 로히는 학교까지 왕복 4시간을 걸어 다닙니다. "힘들지 않니?" 촬영팀이 묻자, 로히는 기숙사비 5만 원을 아끼기 위해 걸어 다닌다고 하네요. 아빠의 오랜 타국살이는 꼭 아이들 때문만은 아닙니다. 로히의 할아버지가 심장 수술을 받으셨는데, 매달 약값만 30여만 원이 든다고 합니다. 로히의 동생 '아밋'은 등교하자마자 아빠가 한국에서 보내온 문구류를 한껏 자랑합니다. 하지만 정작 필기는 몽당연필로 합니다. 아끼느라 그런다네요. 철없는 동심이겠지만, 아밋이 부러운 한 친구는 해맑게 말합니다. "우리 아빠도 한국에 보내고 싶어요."

로히의 아빠는 네팔에서 선생님이었습니다. 한국에 오기

전 작은 초등학교를 운영했지요. 아빠의 꿈은 고국으로 돌아가 교단에 서는 것입니다. "학교를 다시 짓고 싶어요." 이후 프로그램은 감동적인 가족 상봉 장면을 담았습니다. 아무것도 모른 채 한국 초등학교의 일일교사로 참여해 네팔에 관해 설명하던 아빠는 아내와 아이들을 극적으로 만났습니다. 가족을 한 팔에 안은 그의 눈에서 굵은 눈물이 떨어졌습니다.

이 장면은 현장에 있던 한국 아이들에게도 훌륭한 교육이 되었을 겁니다. 이제 그 아이들은 일상에서 만나는 이주노동자를 단편적으로만 바라보지 않을 테니까요. 로히의 아빠를 만난 한국의 아이들은 앞으로 외국인노동자를 볼 때마다 상상하게 되겠지요. 저분은 고국에서 어떤 일을 하셨을까? 누구를 그리워하며 힘을 내고 계실까? 고향으로 돌아가면 무슨 일을 하실까? 외국인노동자를 말 안 통하는 '루저'가 아니라, 귀한 이야기를 가진 한 사람으로 대하게 될 겁니다.

그리스도인에게 이 땅은 영원한 거주지가 아닙니다. 우리 역시 그저 잠시 머무는 나그네일 뿐인데, 주인 행세하며 살지 않으면 좋겠습니다. 보이는 대로 이방인의 현재를 판단하지 말고, 과거를 깎아내리지 말며, 미래를 속단하지 않으면 좋겠습니다. 그렇게 이 땅에서 낯설게 마주한 이들을 환대하면 좋겠습니다. 이 땅의 '나그네'로 함께 살아가면 좋겠습니다.

✳ Prayer

아기로 오신 하나님, 당신을 몰라본 유대 사람들처럼 이웃을 속단하지 않게 하소서. 내 곁에 온 당신처럼 마주하게 하소서. 예수님의 이름으로 기도드립니다. 아멘.

목요일
12·4

나 혼자라도 옳은 길을 선택할 용기

너희는 악을 미워하고 선을 사랑하며 성문에서 정의를 세울지어다 만군의 하나님 여호와께서 혹시 요셉의 남은 자를 불쌍히 여기시리라

• 아모스 5:15

한밤중에 한 학교에서 갑자기 요란한 경보음이 울렸습니다. 당직교사는 깜짝 놀라 학교 행정실장에게 연락했습니다. 그런데 이상합니다. 행정실장이 너무나 태연합니다. 오작동이니 괜찮다고, 신경 쓰지 말라고 합니다. 하지만 이게 그냥 넘어갈 일인가요. 야간에는 출입증을 가진 사람만 드나들 수 있는데, 기록을 확인해보니 2년 전 이 학교에서 근무한 기간제교사의 번호가 찍혀 있었습니다. 경찰 조사 끝에 두 명의 침입자가 특정되었습니다. 한 사람은 퇴직한 국어교사, 다른 한 사람은 학교운영위원회 임원인 학부모였습니다. 퇴직교사의 출입증이 유효한 상태로 남아 있었기에 학교에 드나들 수 있었습니다. 나중에 알고 보니 행정실장도 이 일에 연루되어 있었습니다. 이들은 3년 내내 시험 답안지를 빼돌렸고, 그 덕분에 해당 학부모의 딸은 내신 전교 1등 자리를 한 번도 놓치지 않았던 겁니다. 이번에 시스템 오작동으로 우연히 경보음이 울리면서 들통이 난 것이지요. 결국 그 학생은 3년 치 성적이 모두 0점 처리되었습니다.

들키지 않아서 그렇지, 이런 일은 전국적으로 한두 건이

아닐 겁니다. 불과 몇 년 전에도 세간을 떠들썩하게 했던 '숙명여고 쌍둥이 사건'이 있었죠. 교무부장이던 아버지가 시험 답안을 빼돌려 두 딸을 전교 1등으로 만든 사건입니다. 결국 쌍둥이는 퇴학 처리되었고, 아버지와 함께 실형을 선고받았습니다. 무려 6년이나 걸린 재판이었는데, 판결문이 문제의 핵심을 짚습니다. "과정 없이, 풀이도 생략된 채 정답만 적혀 있었다."

과정보다 결과에만 몰두하는 세상입니다. 과정의 정의는 간데없고, 불의한 방식으로라도 성과를 얻으려는 비상식적인 일들이 교육 현장뿐 아니라 사회 곳곳에서 넘쳐납니다. '다들 그러는' 사회적 관행 속에서 당직교사는 이 문제를 세상에 알리며 망설이지는 않았을까요? 학교 '안'에 있는 사람으로서 자신의 안위를 위해 슬쩍 덮고 싶은 유혹은 없었을지…. 이름 한 자 기사에 노출되지 않았지만, 그분의 용기가 대단합니다. 그 선생님은 '학교'라는 시스템의 내부자이지만, '다들 그러는' 세상의 기준으로 보면 '바깥'에 있는 분입니다. 옳은 길이기에 망설임 없이 '바깥'에 서는 선택을 하셨으니까요.

예수님도 그러하셨습니다. 유대 제사장들의 율법주의가 성전을 거짓으로 가득 채웠을 때, 예수님은 유대인으로 나셨음에도 기꺼이 '바깥'을 택하셨습니다. 그리스도인은 그런 예수님을 기다리고, 그분을 닮기 위해 애쓰는 사람입니다.

✳Prayer

이 땅에서 머리 둘 곳도 없이 '바깥'의 삶을 사신 주님, 당신의 제자가 되기 위해 외롭더라도 기꺼이 '옳음'을 선택하게 하소서. 예수님의 이름으로 기도드립니다. 아멘.

금요일
12·5

메달이 없어도 지속하는 삶은 빛나요

우리가 선을 행하되 낙심하지 말지니 포기하지 아니하면 때가 이르매 거두리라

• 갈라디아서 6:9

태권도에는 '자유 품새'라는 종목이 있다네요. 2024년 세계 태권도 품새 선수권 대회 남자 프리스타일 17세 이하 개인전 1위를 차지한 변재영이라는 학생 덕분에 알게 되었습니다. 자유 품새란 태권도의 기본 동작 다섯 가지를 반드시 포함하되, 그 외의 구성은 선수 스스로 자유롭게 꾸미는 거랍니다.

재영이가 더욱 주목받은 이유는 다문화 가정의 자녀라는 점입니다. 필리핀 출신 엄마는 화장품 공장에서, 한국인 아빠는 환경공무관으로 일합니다. 넉넉지 않은 형편 속에서도 아들의 꿈을 응원하느라 두 분 모두 바쁩니다. 아이들의 대회 현장에는 엄마들이 따라가는 경우가 많지요. 일하느라 참석하지 못하시는 엄마에게 서운하지 않느냐는 한 예능 방송 사회자의 질문에 재영이는 신통한 답을 합니다. "서운하기보다는 고마워요. 대회 참가비가 비싼데, 마련해주시느라 늘 일하시니까요." 재영이는 엄마를 '하늘'에 비유하더군요. 무한히 넓은 하늘이라는 의미인 줄 알았는데, 제 추측이 틀렸습니다. 환하기도 하지만 때로는 비와 천둥번개를 내리는, '무섭기도 한' 하늘이랍니다.

재영이는 초등학교 1학년 때부터 태권도를 배웠고, 열네

살부터는 아크로바틱을 병행했답니다. 태권도장은 위례에, 아크로바틱 학원은 오산에 있습니다. 버스로 2시간 거리이지요. 한 달 용돈은 10만 원인데 그중 6만 원이 교통비로 쓰입니다. 가장 맛있는 음식은 맥도날드 매니저로 일하는 누나가 직원 할인을 받아 저녁에 사 오는 모차렐라 햄버거! 재영이의 사연에 훈훈한 댓글이 넘쳐났습니다. 대견하고 예쁘다는 반응이 다수였습니다. 아이이지만 존경스럽다는 이들도 있었죠.

정작 엄마는 등수에 상관없이 즐겁게만 하면 된다는데, 아들은 늘 메달을 따는 데 진심입니다. 엄마를 기쁘게 해드리고 싶어서랍니다. 참 이상적이죠. 하지만 모든 집 아이들이 다 재영이 같을 수는 없잖아요. 환경을 극복한 천재 소년 이야기를 하려는 것이 아닙니다. 오히려 초점은 '아직' 혹은 어쩌면 '앞으로도' 메달이 없는(없을) 또 다른 '재영이들'에 대한 응원입니다. 박수갈채는 없어도 매일 성실하게 자신의 꿈을 향해 발걸음을 멈추지 않는 '재영이들' 말입니다.

매일의 성실함이 우리 사회 구조 안에서 언제나 1등, 최고라는 타이틀로 결실 맺지 못할 수도 있습니다. 그러나 그 성실한 지속성은 결국 어떤 방식으로든 '열매'가 되리라 믿습니다. 그것이 작은 이 세계의 '바깥'에서 우리를 품고 일하시는 하나님의 방식이라고 생각합니다. 다시 오실 주님을 기다리며 우리도 그렇게 꿈을 이어갑시다. 실은 저에게도 하는 다짐입니다.

✳ Prayer

주님, 우리로 세상의 기준이 아닌 하나님의 시선에서 인생의 선한 열매를 맺게 하소서. 예수님의 이름으로 기도드립니다. 아멘.

회복의 하나님, 단잠을 주시는 치유의 하나님
바흐의 BWV 988 〈골드베르크 변주곡〉

기원전, 사울은 하나님의 택함을 받은 이스라엘의 초대 왕이었습니다. 겸손히 여호와를 경외할 뿐 아니라 탁월한 지도력까지 갖춘 영웅이었습니다. 그러나 점차 교만한 행동을 일삼아 스스로를 파멸시켰습니다. 전쟁을 앞두고 제사장의 고유권한인 번제를 직접 집례하는가 하면, 하나님의 명령을 어기고 전리품을 뒤로 빼돌렸습니다. 하나님은 사울을 떠나셨습니다. 대신 악령이 그에게 들어와 잠 못 이루는 고통을 겪게 하자 왕의 안위를 걱정하던 신하들이 한 소년을 데리고 와 수금을 타게 했습니다. 다윗입니다. 다윗의 연주를 듣자 놀랍게도 병세가 호전되고 상쾌해졌다고 합니다.(삼상 16:23) 음악이 치료의 목적으로 쓰인 사례입니다. 오늘날에도 이러한 음악요법은 널리 쓰이고 있습니다. 그 대표적 작품이 음악의 아버지 요한 제바스티안 바흐(J. S. Bach, 1685-1750)가 작곡한 〈골드베르크 변주곡〉입니다.

1742년, 소년 골드베르크는 스승 바흐의 오랜 친구인 카이저링크 백작을 섬기는 음악가였습니다. 불과 14살이지만 백작의 까다로운 음악적 요구를 만족시킬 만큼 기량이 뛰어났습니다. 하지만 그런 그에게는 남다른 고충이 있었습니다. 심한 불면증으로 고생하는 백작이 잠들 때까지 매일 밤 조용한 곡을 연주해야 했기 때문입니다. 문제는 백작이 잠들기도 전에 자신이 먼저 곯아떨어지기 일쑤였다는 겁니다. 이런 사정을 알게 된 바흐는 제자를 아끼는 마음과 친구와의 우정에 대한 보답으로 숙면을 돕는 곡을 만들어 두 사람에게 헌정했습니다. 원래 곡명은 〈여러 가지 변주가 있는 아리아〉였지만 〈골드베르크 변주곡〉으로 더 알려져 있습니다. 백작이 이 곡을 들으며 잠들었는지는 분명하지 않지만, 잠 못 이루는 백작과 그를 위해 잠을 쫓아야만 했던 골드베르크, 이 두 사람 모두 간절히 원했던 것은 '잠'이 분명합니다. 평안과 회복의 힘을 지닌 '잠'말입니다. 성경에서는 이 '잠'을 하나님의 선물이라고 말하고 있습니다. "여호와께서 그의 사랑하시는 자에게는 잠을 주시는도다."(시 127:2)

다윗의 수금이 사울의 머리를 맑게 하고 골드베르크의 변주곡이 불면을 잠재우듯, 하나님은 '잠'을 통해 우리를 새롭게 하십니다. 불면이 세상의 역경이라면 단잠은 이를 헤쳐 나갈 성령의 은혜입니다. 겸손히 하나님의 선물인 잠을 청함으로 평안해지길 원합니다. 그리고 잠의 위로와 회복으로 내일을 더욱 단단히 살아갈 힘을 얻는 대림절 밤이 되기를 희망합니다.

유튜브에서 듣기
바흐의 BWV 988 〈골드베르크 변주곡〉
https://bit.ly/4haHQIf

대림절 둘째 주

12.7.–12.13.

우리도 함께 경계를 넘어서게 하소서

주일 12·7

기독교방송(CBS) 사장 **나이영**

대림절 기간, 성탄에 담긴 하나님의 한없는 사랑과 지혜를 묵상합니다. 우리가 당신께 가기를 기다리지 않으시고 친히 먼저 한 아기가 되어 오신 하나님. 위대하고 강하시지만 우리와 가까이 계시려고 자신을 한없이 작고 무력하게 낮추신 하나님. 우리가 당신을 알 수 있도록, 그래서 마침내 참된 인간이 될 수 있도록 우리의 어둠과 고통, 슬픔과 한계 속에 마구간의 구유 위로 찾아오신 하나님께 깊은 감사의 찬송을 올립니다.

성탄으로 보여주신 하나님의 사랑은 다름 아닌 '경계를 넘어서는 일'임을 깨닫습니다. '다윗의 동네, 구주, 그리스도 주님'이라는 단어들이 '한 갓난아기, 포대기, 구유'라는 도무지 어울리지 않는 단어들과 경계를 넘어 만나는(눅 2:11-12) 그 사랑의 신비, 구원의 지혜가 성탄의 사건임을 되새깁니다.

성탄의 그날, 하나님께서 신적 위대함을 버리시고 인간의 약함 속에 들어오심으로 하늘이 땅과 마음을 나누었습니다. 하늘 한 조각이 사람들과 함께 살면서 하늘과 땅의 경계가 열렸습니다. 그리고 하늘로 돌아가신 주님께서 우리를 위해 하늘을 열어놓으셨습니다. 그렇게 하늘과 땅의 경계가 사라지고 벽이 무너진 사건, 이것이 바로 성탄임을 고백합니다. 또한 경계를 허무는 이 성탄의 사건이 결국 십자가와 부활의 사건으로 완성되었음을 깨닫습니다.

넘을 수 없다고 여겼던 경계를 넘어 자신을 남김없이 내어주시고 마침내 그 경계를 허무신 하나님을 우리도 따라가기 원합니다. 이 대림절 기간, 내 마음의 경계를 넘어 나 자신을 다른 이들과 나누게 하소서. 자아의 벽을 넘어 이웃의 어둠과 슬픔에 공감하며 함께하도록 인도하소서. 임금 대신 아기를, 궁전 대신 마구간을, 말 대신 나귀를 찾는 눈을 허락하소서.

이러한 실천이 이 땅을 분열시키는 경계와 벽을 허무는 데까지 나아가게 하소서. 하늘과 땅의 눈부신 만남이 이 땅 안에서 이어지게 하소서. 대림의 신비를 묵상하는 우리를 사용하시어 분단된 이 나라, 극단으로 갈라진 이 사회, 혐오와 갈등으로 상처받은 사람들이 하나 되어 평화를 이루게 하소서. 감격스러운 이 땅의 '나눔'을 그리고 '경계를 넘어섬'을 이 대림절과 성탄에 이루어주소서.

하늘과 땅의 경계를 넘어 우리를 생명의 삶으로 초대하신 우리 구주 예수님의 이름으로 기도드립니다. 아멘.

월요일
12·8

결국은 권력보다 진실이 더 힘이 있어요

감추인 것이 드러나지 않을 것이 없고 숨긴 것이 알려지지 않을 것이 없나니

• 누가복음 12:2

줄리 브라운은 트럼프 정권을 뒤흔든 '엡스타인 파일'을 세상에 알린 기자입니다. 그녀는 「마이애미 헤럴드」라는 작은 지역 신문 지면을 통해 2018년부터 이 사건을 끈질기게 보도했습니다. 사건에 연루된 인물들의 미국 내 위상을 고려하면 그야말로 목숨을 건 보도였죠. 사실 제프리 엡스타인은 1999년부터 2004년까지 미성년자 소녀들을 매매하며 성 착취를 일삼은 죄로 2005년에 유죄 판결을 받았습니다. 그런데 당시 고작 13개월형을 받았고, 그것도 돈 많으면 갈 수 있는 사설 교도소에서 출퇴근하듯 복역했습니다. '만인은 법 앞에 평등하다.'는 법치민주주의의 원칙을 비웃듯, 그야말로 '유전무죄 무전유죄'의 민낯을 보여주었죠. 그런 엡스타인을 물고 늘어지다니!

줄리는 끊임없는 소송과 협박에도 굴하지 않았습니다. 어느 정도 나이를 먹고 조직 생활을 해본 사람이라면 알 겁니다. 이것이 얼마나 어려운 일인지…. 그녀의 집요한 보도 덕분에 여론이 움직였고, 엡스타인은 결국 2019년 7월에 체포되었습니다. 그러나 같은 달, 수감 중이던 그는 의문스러운 상황 속에서 자살했습니다. 과연 자살이었을까요? 그의 죽음을 둘러싸고

추측이 난무하는 가운데 불똥은 트럼프에게 튀었습니다. 트럼프는 선거 유세 기간에 '엡스타인 파일'을 철저히 조사하겠다고 공언하며 지지자들의 표를 얻었거든요.

가족주의와 보수주의는 어디서나 긴밀히 연결되지만, 미국은 특히 더 그러합니다. 신앙으로 영국 사회와 교회를 개혁하려던 청교도들이 정치적으로 실패하자 그들은 '가정 언약'을 통해 공동체적 개혁을 실천했고, 가족 단위로 '뉴잉글랜드'에 이주해 국가를 세우며 공화제의 토대를 청교도 신앙 위에 둔 것이 미국의 시작이니까요. 줄리가 쏘아 올린 작은 공은 「월스트리저널」이나 CNN 등 주요 매체들까지 가세하게 했고, 미국 사회 전체를 뒤흔들었습니다. 이 일로 강성 트럼프 지지 그룹인 '마가'(MAGA, Make America Great Again)조차 분열되었습니다.

대림절에 이런 이야기는 왜 하느냐고요? 대림절은 세상일에 눈과 귀를 닫고 '오직' 주님만 묵상하는 절기가 아니라고 생각해서입니다. 예수님의 시선과 기준으로 매일을 살아내는 게 온전한 기다림이라고 믿습니다. 이제는 뉴스조차 무엇이 사실인지 구분하기 어려운 시절입니다. 힘 있는 자들에 의해 왜곡되거나 아예 감춰지기도 하니까요. 하지만 공의의 하나님께서 팔을 뻗으시면 결국 악은 드러납니다. 그러니 거짓을 미워하시는 예수님을 본받아 진실을 알리려다 혹 중심부에서 밀려난다 해도 기뻐하십시오. 하나님은 우리 편이십니다.

✳ Prayer

주님, 우리를 빛의 사도로 사용하소서. 어둠을 드러내게 하소서. 이 땅의 빛으로 오신 예수님의 이름으로 기도드립니다. 아멘.

화요일
12·9

교회는 숨을 돌리는 공간이 되어야 합니다

너는 엿새 동안에 네 일을 하고 일곱째 날에는 쉬라 네 소와 나귀가 쉴 것이며 네 여종의 자식과 나그네가 숨을 돌리리라 • 출애굽기 23:12

'죽도록 일한다'는 말이 그저 '일이 고되다'는 수사적 표현이 아닌 시절입니다. 진짜로 과하게 일하다가 목숨을 잃는 일이 비일비재하지요. 성과 중심의 연봉제에 순응하며 일하다가 40-50대 한창 나이에 갑작스레 세상을 떠나는 사람들을 주변에서도 종종 봅니다. 그래도 교회에서조차 과로사라니요! 물론 우리나라 선교 초기에 신앙의 열정으로 헌신하다 순교한 선교사, 목회자, 전도사들이 많았지요. 그러나 그건 본인의 '소명'에 따른 신앙적 열정이었다는 점에서, 조직 구조 안에서 시키는 일을 감당하다 '당한' 과로사와는 다릅니다.

한 대형 교회에서 영상 제작팀 팀장이 과로로 사망했다는 기사가 보도되었습니다. 매년 대대적으로 열리는 3주 연속 기도회를 마친 직후였습니다. 희생자는 그 기간 내내 주 63시간을 일했다네요. 기도회 직전에는 전국을 돌며 기도회를 위한 헌금 모금운동 촬영을 하느라 이미 지쳐 있었습니다. 평소 건강하던 사람이 기도회 직후 사망했으니, 곁에서 지켜본 가족이 이를 과로사라 여긴 것은 당연합니다. 그래서 산재 신청을 했지요.

지상파 피디(PD)였던 희생자는 신앙적으로 의미 있는 일을 하면서 가족과 더 많은 시간을 보내고 싶은 마음에 상대적으로 '여유로울 것' 같은 교회에 입사했다고 합니다. 하지만 입사 1년도 안 된 시점에 코로나 상황을 맞았고, 교회는 업무 효율화 및 비용 절감을 명분으로 방송실 전 직원을 외주화하려 했습니다. 그간 소명으로 일해온 직원들은 박탈감과 좌절감 속에 퇴사했지만, 들어온 지 얼마 되지 않은 그는 남기로 결정했답니다. 그러나 결국 과로사로 생을 마감하고 말았죠. 장례식에 나타난 교회 관계자는 '산재 협조'를 약속했지만, 정작 절차가 진행되자 자료 제공을 거부했고, 심지어 삭제 정황까지 포착되었습니다. 몇 년 전에도 부목사가 과로로 사망했으나 조용히 덮였던 사실이 뒤늦게 알려지기도 했습니다.

사람의 숨이 끊어질 만큼 과도하게, 경쟁적으로 일을 시키는 이 사회제도 한가운데서 '적어도' 교회만큼은 달라야 합니다. 교회는 "숨을 돌리라" 하신 하나님의 창조 명령을 지켜내고 살아내는 공동체이니까요. 교회 안에서는 '루아흐', 곧 하나님의 거룩한 숨이 지속되어야 합니다. 그러나 교회가 세상과 똑같이 '효율성'과 '외적 성과'만을 추구하며 노동자를 착취한다면, 거기에 더해 신앙의 언어인 '헌신'까지 부적절하게 남용한다면, 아무리 제단을 아름답게 장식하고 대림의 촛불을 환히 밝힌다 해도 그곳에 아기 예수님은 오시지 않을 겁니다.

✳ Prayer

주님, 우리의 교회가 부디 숨을 돌리는 공간이 되게 하소서. 예수님의 이름으로 기도드립니다. 아멘.

수요일
12·10

하나님 안에서 우리는 영원한 '내부자'

너희 중에 아버지 된 자로서 누가 아들이 생선을 달라 하는데 생선 대신에 뱀을 주며 알을 달라 하는데 전갈을 주겠느냐 • 누가복음 11:11-12

사건·사고 소식은 늘 가슴 아프지만, 60대 초반의 아버지가 아들을 살해한 혐의로 검거되었다는 뉴스를 들었을 때는 기가 막혔습니다. 아들 부부가 차려준 생일상 초대에 응해 아들네 집을 찾았다가 손주들이 보는 앞에서 사제총으로 아들을 살해하다니요! 정황을 보면 1년 이상 치밀하게 범행을 준비한 것 같다고 합니다. 그는 20년 동안 무직 상태였음에도 아내에게 지속적으로 경제적 도움을 받았다네요. 이혼 후에도 전처 명의의 아파트에 거주하며 생활비는 물론 대학원 등록금, 통신비, 국민연금, 아파트 공과금, 심지어 생일 축하금까지 받아왔답니다.

문득 누가복음 11장 13절 말씀이 떠올랐습니다. 악인이라도 제 자식만큼은 선한 마음과 행동으로 보살피는데, 하물며 세상 모든 생명을 낳으신 '아버지' 하나님이야 오죽하시겠냐는 구절입니다. 하지만 이번 사건은 예수님이 말씀하신 그 도입부의 예시마저 수정해야 할 만큼 극악합니다. 사이코패스 연쇄살인범도 자신의 범죄가 자식에게는 알려지지 않기를 바란다는데, 그는 어쩌다가 하나님의 피조물이라면 자연스레 가질 수 있는 기본적인 감정마저 잃어버린 걸까요?

범죄심리학자들은 이 사건을 '앵그리노인 범죄', 그러니까 은퇴나 사회적 고립으로 외로움이나 상실감을 느껴 범죄를 통해서라도 관심을 받으려는 노인의 병리적 행동이라고 설명했습니다. 혹은 생활력이 강한 아내에게 느낀 무력감과 열등감이 복수심으로 이어진 결과라는 분석도 있었습니다. 나만 내쳐진 느낌, 나만 '바깥'인 느낌, 그래서 '안'의 질서를 흔들고 파괴하고 싶은 마음이 그를 지배한 게 아닐까, 신학자요 신앙인인 저에게는 그렇게 보입니다.

어디 이 한 사람뿐일까요? 어쩌면 우리도 어느 순간 '바깥'에 밀려났다고 느끼며, 창조 때부터 부여받은 선한 감정을 잃어버릴 수 있습니다. 더구나 요즘처럼 한 줄 세우기로 사람들을 등급 매기고, 탈락시키며, 배제하는 사회에서는 분노나 서러움을 느끼기 쉽습니다. 하지만 그리스도인은 어느 경우에도 '하나님 아버지'께 온전히 속한 '내부자'입니다. 우리를 "딸아, 아들아"라고 부르시는 하나님은 저 멀리, 우리가 닿을 수 없는 곳에서 말로만 부르신 것이 아닙니다. 직접 우리에게 오셨습니다. 하나님의 사랑 안에서 우리는 결코 바깥으로 밀려나거나 소외되지 않습니다. 항상 기억해야 하지만, 특히 대림절은 '바깥'이 없는 하나님의 크신 사랑에 더욱 감사하게 되는 계절입니다.

✳ Prayer

주님, 어떤 상황에서도 우리를 품으시는 당신의 세계에서 우리가 영원히 '내부자'임을 깨닫게 하소서. 그 안전감으로 당신이 주신 아름다운 심성을 지키게 하소서. 예수님의 이름으로 기도드립니다. 아멘.

목요일
12·11

우리의 걸음이 살리려 달려가는 것이기를

좋은 소식을 전하며 평화를 공포하며 복된 좋은 소식을 가져오며 구원을 공포하며 시온을 향하여 이르기를 네 하나님이 통치하신다 하는 자의 산을 넘는 발이 어찌 그리 아름다운가 • 이사야 52:7

우리나라는 10년 넘도록 경제협력개발기구(OECD) 국가 중 자살률 1위를 기록하고 있습니다. 청(소)년의 사망 원인 1위 역시 자살입니다. 아깝지 않은 죽음이 어디 있겠습니까마는, 올해 부산의 한 예술고등학교 여학생 세 명이 같은 날 아파트에서 투신했다는 보도는 우리를 더욱 슬프게 했습니다. 소녀들은 남겨질 이들을 위해 휴대전화에 유언을 남겼고, 셋이 밝게 웃는 영상까지 저장해두었습니다. 보통 높은 곳에서 여러 명이 동시에 뛰어내리면 그렇게 가까이 있기 어렵다는데, 세 친구는 마지막까지 잡은 손을 놓지 않았는지 모두 근거리에서 발견되었습니다.

한 방송사의 사건 탐사 프로그램은 이 사건을 집중적으로 다뤘습니다. 부모들은 이유를 알 수 없다고 했지만, 예고 출신들이 남긴 댓글은 한결같았습니다. “드디어 터질 게 터졌군요.” 학교와 학원, 그리고 성적을 둘러싼 일부 학부모 임원들의 유착관계와 금전 거래가 오랜 관행이었다는 겁니다. 탐사보도의 결론도 크게 다르지 않았습니다. 그런데 4년 전에도 이 학교에서 자살 사건이 있었다네요. 유독 ‘한국무용과’ 학생들만 극단적인 선택을 한 것이 이상했습니다. 당시 자살한 학생의 일기장에는 학교 교사와 학원 간 금전적 이익관계로 인해 괴롭힘을 당한 정황이 담겨 있었습니다. 추가 증언도 이어졌습니다. 같은 고통을 당하던 한 학생이 전학을 결심하자 협박을 받았답니다. 이 좁은 '업계'에서 살아남나 두고 보자면서요.

아… 그런데 이 학교의 이름이 브니엘입니다. 기독교 재단이네요. 이 사건으로 조사받고 있는 교사의 생일 파티 영상에는 케이크와 학생들이 쓴 카드 앞에서 두 손 모아 감사기도를 드리는 모습이 담겨 있었습니다. 모습만 경건하면 뭐합니까? 그리스도인의 발걸음이 자기 유익과 탐욕을 위해서만 빨랐다니…. 자기에게 맡겨진 아이들을 벼랑 끝으로 내몰았다니…. 불의한 세상의 관행을 따라간다면 아무리 경건의 모양을 흉내낸다 해도 그는 기독교 '바깥의 사람'일 뿐입니다.

성탄절을 기다리는데 왜 자꾸 신문 기사 같은 내용을 소개하느냐고 생각하실지 모르겠습니다. 하지만 2025년을 마무리하면서 우리가 과연 한 해 동안 예수님을 맞이할 자세로 살았는지, 그분이 오셨을 때 염소가 아닌 양의 무리로 분류될 만큼 누군가를 살리기 위한 발걸음을 부지런히 내디뎠는지 돌아보고 싶었습니다. 행여 내 걸음이 이웃을 말로, 행동으로 상처주고 기죽이는 발걸음은 아니었는지 반성하고 싶었습니다. 그렇게 대림을 준비하려 합니다.

✳Prayer

주님, 우리의 걸음이 누군가를 살리려 달려가는 아름다운 걸음이기를 소망합니다. 예수님의 이름으로 기도드립니다. 아멘.

금요일
12·12

선한 여정이 기억되는 삶을 살게 하소서

오직 선을 행함과 서로 나누어 주기를 잊지 말라 하나님은 이같은 제사를 기뻐하시느니라

• 히브리서 13:16

한 미국인이 치매에 걸렸는데 알 수 없는 한국말을 계속하더랍니다. 그의 이름은 데이비드 존 실(David John Seel), 한국 이름도 있었지요. 설대위! 전주 예수병원 원장으로, 한국에서 의료 선교사로 오랫동안 헌신한 분입니다. 암 치료의 선구자이기도 합니다. 한국전쟁 직후인 1954년에 예수병원으로 파송되어 1990년까지 무려 36년간 봉사하셨지요. 2004년에 돌아가신 분을 갑자기 기리게 된 까닭은, 휴대전화 알고리즘 때문입니다. 알고리즘이란 것이 신기해서 사용자가 평소 자주 검색하는 범주의 내용을 자동으로 띄운다고 하지요? 덕분에 제가 의식적으로 찾아보지 않았던 이야기도 접하게 됩니다. 그렇게 만났습니다. 설대위 원장님을…. 푸른 눈의 이방인이었던 설 원장님께 한국은 결코 '바깥'이 아니었습니다.

그런데 설대위 원장님에 대한 짧은 기사 밑에는 그보다 훨씬 더 긴 댓글이 많이 달려 있었습니다. "저는 1962년생, 63세입니다. 설대위 원장님! 제가 어릴 때부터 전주 예수병원 원장님으로 의료봉사를 하셨고, 많은 암환자를 치료하셨으며, 당시 병원 주변의 가난한 지역 주택의 화장실 개량사업, 해충 방제

사업 등 봉사활동을 해주신 것이 기억납니다." 또 다른 댓글의 증언입니다. "설대위 원장님이 계셨을 때, 아침 7시에 회진을 하시고 오전 수술에 들어가시면 7-8시간 수술은 기본이었습니다. 점심 겸 식사는 고개만 돌리신 체 토스트와 우유로 때우며 계속 수술하시던 모습이 눈에 선합니다. 전주 예수병원은 한국 최고의 병원이었고, 특히 두경부 종양 수술은 가히 최고였습니다. 진정한 애국자이시고 참 선교사님이셨습니다."

댓글을 단다고 누가 돈을 주는 것도 아니고, 자기 실적에 도움이 되는 것도 아닌데…. 그렇다고 분을 참지 못해서 쏟아내는 악플도 아니었습니다. 짧은 기사 분량을 압도하는 선한 댓글들을 읽다가 문득 이런 생각이 들었습니다. 나중에 누군가가 "저 사람은 참 선하게 살다 갔어요. 내가 봤어요."라고 증언해주는 생애라면 정말 행복하고 복되겠다고요.

설대위 원장님만큼 그렇게 초 단위로 치열하게 살아낼 자신은 없어도, 저마다 가진 분량과 역량으로 자신의 자리에서 최선을 다한다면 그 또한 주님께서 "착하고 충성된 종"이라 하시겠지요. 당장 남들이 알아주고 칭찬하는 중심부의 자리는 그리스도인에게 관심 밖입니다. 선을 행하고 서로 나누는 삶, 이 단순하고 명료한 삶을 살다가 훗날 누군가가 우리의 '선함'이 그리스도인의 것이었음을 증언해준다면, 우리는 분명 그리스도 '안'에 속한 자일 것입니다.

✳ Prayer

주님, 우리로 일상 가운데 선을 행하며, 가진 것을 기꺼이 나누는 삶을 살게 하소서. 예수님의 이름으로 기도드립니다. 아멘.

순결한 여인의 사랑과 희생을 통한 구원
바그너의 오페라 〈탄호이저〉

오, 복된 내 고향, 눈앞에 있어 / 찬미를 받아주시는 주님 / 뉘우치는 자에게 구원을 내리소서 / 내 일생 주를 찬양하리 알렐루야

독일 작곡가 리하르트 바그너(Richard Wagner, 1813-83)의 오페라 〈탄호이저〉(Tannhäuser) 중 〈순례자의 합창〉에 나오는 가사 일부입니다. 탄호이저는 기사이자 음유시인으로, 시를 짓고 노래를 만드는 오늘날의 싱어송라이터(singer-songwright)와 같은 예술가입니다.

탄호이저는 관능의 여신 베누스와 향락에 빠져 살다가 환멸을 느끼고 고향으로 돌아옵니다. 성의 영주는 그를 반기며 노래 경연대회를 엽니다. 우승하면 영주의 조카이자 아름다운 엘리자베스와 결혼할 수 있습니다. 그들은 이미 사랑을 맹세한 사이였지요. 경연의 주제는 '사랑의 본질'이었는데 탄호이저가 지나치게 육감적인 사랑을 노래한 탓에 기사들의 공분을 샀고, 결국 영주는 로마로 가서 교황에게 용서를 받아오라고 합니다. 갖은 고초 끝에 교황을 만나 자신의 죄를 고백했으나 교황은 "이교도 베누스와 지은 죄는 절대 용서받을 수가 없다. 내 지팡이에 새순이 돋아난다면 모를까."라며 그를 내칩니다. 한편 간절한 기도로 나날을 보내던 엘리자베스는 어느 날 고향으로 돌

아오는 순례자들이 부르는 〈순례자의 합창〉을 듣고 황급히 나가봤으나 탄호이저는 거기에 없었습니다. "아아, 주님, 그이의 죄가 용서받을 수만 있다면 기꺼이 제 목숨이라도 바치겠습니다." 뒤늦게 돌아온 탄호이저가 절망 속에서 동료 기사에게 "이렇게 사느니 차라리 베누스에게 돌아가는 것이 낫겠다."라고 절규하는 순간 갑자기 눈앞에 베누스의 세계가 펼쳐집니다. 그러나 동료가 엘리자베스의 이름을 말하자 방금 전의 세계가 연기처럼 사라집니다. 잠시 뒤 엘리자베스의 장례 행렬이 지나가고, 탄호이저는 그녀의 주검 앞에서 목놓아 참회하다 마침내 숨을 거둡니다. 이때 순례자 한 명이 새순이 돋은 교황의 지팡이를 들고 나타나 그가 용서받고 구원받았음을 알려줍니다. 한 여인의 지고지순한 사랑과 희생이 결국 한 영혼을 구원한 겁니다.

극 중 나타났다 사라지는 '베누스의 세계'는 가상공간입니다. 마음먹기에 따라 복원할 수도 있고 비울 수도 있는 컴퓨터의 휴지통과 같은 겁니다. 주님의 대림은 우리에게 이러한 허상과 허구를 과감히 지워내기를 요청합니다. 그래서 대림절은 '삭제의 용기'가 필요한 계절입니다.

유튜브에서 듣기
오페라 〈탄호이저〉 중 〈순례자의 합창〉
https://bit.ly/43aM4cR

대림절 셋째 주

12.14.–12.20.

함께 드리는 대림절 기도문 3

주님의 임재와 십자가 사랑이 우리 안에 살아나게 하소서

주일 12·14

한국YMCA전국연맹 사무총장 **김경민**

평화의 주로 오신 주님, 주님의 오심을 간절히 기다리는 이 대림절기에 겸손한 마음으로 다시 한번 주님의 십자가와 부활 앞에 섭니다. 스스로 자신을 비워 사람이 되시고, 하나님의 뜻이 하늘에서 이루어진 것 같이 땅에서도 이루어지도록 온몸과 마음을 다해 기도하시고 행동으로 우리에게 본을 보여주신 주님을 묵상합니다.

사람의 눈으로 보면 주님의 생애는 실패와 수치, 고난의 여정이었습니다. 주님의 선하신 뜻은 세상 권력자들의 왜곡과 조롱의 대상이 되었고, 결국 약속의 백성 이스라엘 지도자들과 식민지 권력자 본디오 빌라도에 의해 수치와 저주의 상징인 십자가에 달려 죽임을 당하셨습니다. 메시아가 다윗의 영광을 되살릴 것이라 믿었던 당시 민중과 제자들에게 예수님의 십자가 죽음은 상상할 수도, 받아들일 수도 없는 일이었습니다.

하나님께서 자신을 비워 이 세상에 오신 그 깊은 뜻을 우리는 다 헤아릴 수 없습니다. 그러나 친히 사람의 몸을 입고 이 땅에 오셔서 십자가 고통에 동참하신 주님의 삶은 오늘 우리에게 무엇을 가르쳐주고 있는지요.

주님이 이 세상에 오신 흔적이 수치와 저주의 상징인 십자가로 남아 있음을 감사하며 하루하루를 살아갑니다. 십자가의 도는 그 어떤 법과 제도와 자본으로도 억압하거나 회유할 수 없는 하나님의 사랑의 흔적임을 고백합니다. 그러나 주님, 오늘 우리의 현실에서 십자가는 어떠합니까? 십자가는 여전히 경건과 영광, 숭고함으로 우리를 압도하지만, 정작 교회 안에서는 십자가의 고난과 희생이 사라져버렸습니다. 그저 경건의 모양으로 아름다운 장식처럼 꾸며져 거리를 수놓고 있을 뿐, 어느새 권력과 전쟁, 배제의 기독교를 상징하는 표식이 되어버렸습니다.

주님, 당신의 겸손한 임재와 십자가 희생의 사랑이 교회 안에서 날마다 부활의 능력으로 살아나기를 간구합니다. 우리가 십자가의 작고 낮은 모습과 하나 되도록 용기를 주십시오. 행하시는 분은 하나님이시나, 우리로 하여금 주님의 기쁘신 뜻을 위하여 십자가의 마음을 품고 살아가는 은혜를 허락해주십시오.

본디오 빌라도에게 고난을 받으시고, 십자가에 달리시고, 사흘 만에 부활하신, 작고 낮은 베들레헴의 구유에 오신 예수 그리스도의 이름으로 기도드립니다. 아멘.

월요일
12·15

하나님 나라의 수평적 사고를 배우는 삶

아무 일에든지 다툼이나 허영으로 하지 말고 오직 겸손한 마음으로 각각 자기보다 남을 낫게 여기고 • 빌립보서 2:3

외부 강의를 의뢰받으면 먼저 청중에 대해 공부합니다. 물론 청중에 따라 핵심 내용이 달라지는 것은 아닙니다. 하지만 표현이나 예시가 달라질 수는 있습니다. 학생들의 입시 경쟁을 예로 들 때, 대치동에서 할 이야기와 산간벽지에서 할 이야기는 달라야 합니다. 예시란 본디 핵심 주장을 더 잘 이해하도록 부연 설명하는 것인데, 오히려 반감이나 분노, 박탈감 등을 불러일으킨다면 그건 부적절한 것이지요.

최근 몇 년 사이 보수와 진보 진영의 갈등이 첨예해지다 보니, 교회 안에서도 진보적 교회와 보수적 교회가 원하는 강의 내용이 서로 다르다는 걸 느낍니다. 하지만 결국 원하는 지향점은 하나입니다. 상대방이 복음에서 멀어졌다는 것을 강조해 달라는 것이지요. 그런데 저도 참 별난 성격입니다. 어느 쪽으로 가든 저는 오히려 '바깥의 시선'을 가져와서 '내부 공격'을 시도합니다. 상대방이 잘못되었다고 지적하며 함께 만족하기보다, 지금 이 자리에서 '우리' 집단이 놓치고 있는 잘못이 무엇인지를 살피자고 초청하지요. 그래서 늘 위태위태합니다.

예를 들면 이런 거예요. 얼마 전 진보 진영의 기독교 단체에서 강연을 요청받았습니다. 아마 그 단체는 제가 올해의 정치 지형 안에서 극우화된 그리스도인들을 비판해주길 기대했을 겁니다. 그런데 저는 극우화된 그리스도인들의 전통적이고 보수적인 여성 인식이 반(反)성경적임은 '자명'하니 시간 관계상 그 이야기는 생략하고, 대신 '말리는 척하지만 실은 미묘하게 동조하는 시누이' 같은 진보 진영 엘리트 남성들의 가부장적 여성 응시를 비판하겠다고 했어요. 그러고는 올 한 해 진보 진영 인사들이 보인 몇 가지 언행을 예로 들면서, 수직적 위계 사회를 수평적이고 민주적인 사회로 바꾸겠다는 진보 진영이 왜 여성 문제에서는 반대 진영과 크게 다르지 않느냐고 지적했죠. 물론 분위기는 썰렁해졌습니다. 더 큰 잘못을 저지른 사람들, 명백히 잘못한 사람들을 두고 왜 '약간' 실수한 우리에게 뭐라 하느냐는 곱지 않은 시선이 느껴졌습니다. 맞습니다. 복음에서 비껴나간 사람들은 명백히 잘못한 거예요. 하지만 '우리'끼리 모여 '바깥'의 저들이 잘못했다고 목소리를 높이는 동안, 정작 '우리의 잘못'은 보지 못할 위험이 있지 않을까요? '저들이 악하다.'는 것이 곧 '우리가 선하다.'는 증표는 아니니까요.

하나님 나라의 수평적이고 민주적인 사고는 '저들'만이 아니라 '우리 자신'도 끊임없이 배우고 실천하며, 또 점검해야 할 중요한 시선입니다. 우리는 그 나라를 기다리는 사람들입니다.

✳Prayer

주님, 우리의 잘못이 '들보'는 아닐지라도 남을 탓하느라 내 잘못을 간과하는 어리석음을 저지르지 않게 하소서. 예수님의 이름으로 기도드립니다. 아멘.

화요일
12·16

칼을 갈아 보습으로 사용할 평화의 나라

그가 많은 민족들 사이의 일을 심판하시며 먼 곳 강한 이방 사람을 판결하시리니 무리가 그 칼을 쳐서 보습을 만들고 창을 쳐서 낫을 만들 것이며 이 나라와 저 나라가 다시는 칼을 들고 서로 치지 아니하며 다시는 전쟁을 연습하지 아니하고 • 미가 4:3

전쟁의 소식은 문명이 시작된 이래 끊이지 않았지만, 올해는 더욱 그러했습니다. 2022년에 시작된 우크라이나와 러시아의 전쟁은 지금까지 이어지고 있습니다. 올해는 태국과 캄보디아, 이란과 파키스탄, 이스라엘과 이란까지 전쟁 상태에 들어섰습니다. 언젠가 미국의 정치학자 새뮤얼 헌팅턴이 범주화한 세계화 이론 가운데 '개별국가 이기주의' 패러다임이 오늘날의 국제 정세를 가장 잘 설명하는 듯합니다. 정치적 우방, 문화적 친근성, 종교적 신념 등을 바탕으로 더 큰 '우리' 집단이 형성될 것이라는 예측은 무색해졌습니다. 각국은 결국 자기 유익만을 취하려 하고 있지요.

러시아-우크라이나 전쟁만 보아도 그렇습니다. 전쟁이 장기화되자 지지보다는 비난이 커졌습니다. "젤렌스키 대통령은 국내 강경파 민족주의 여론만 믿은 거야. 비이성적 민족주의는 위험해. 미국과 유럽 등 외부 세력에 지나치게 의존했어." 전쟁 초기에 '우크라이나가 필요한 만큼' 지원하겠다던 미국도 시간

이 지나면서 '우리가 할 수 있는 만큼'으로 태도를 바꾸더니 지금은 노골적으로 강대국인 러시아 편을 드는 모양새입니다.

결국 자주국방이 최고라는 주장, '평화는 센 놈과 센 놈이 서로 견제해야 가능하다.'는 세상의 논리가 득세하고 있습니다. 국제정치학적으로는 그렇게 설명될 수 있을지 모릅니다. 그러나 하나님의 평화가 그렇게 올까요? 예수님이 시작하신 '이 땅의 평화'가 그런 방식으로 완성될까요? 칼이 총이 되고, 총이 핵폭탄이 된 지금, 형태만 달라졌을 뿐 더 강한 무기로 제국을 만들려는 인간의 열망은 예나 지금이나 다르지 않습니다. 이런 적자생존의 한복판에서 '칼을 쳐서 보습을 만들고, 창을 쳐서 낫을 만드는 나라'에 대한 비전을 품다니! 유대-기독교적 세계관은 좋게 말해 낭만이지, 결국은 현실감각 없는 꿈처럼 들릴 수도 있습니다. 하지만 예수님은 바로 그 꿈을 위해 이 땅에 오셨습니다. 단지 꿈꾸도록 하기 위해서가 아니라, 그 꿈을 실현하기 위해 오셨습니다.

그리스도인이 늘어난다는 것이 세상 제국의 영향력을 높이는 일이 아니기를 바랍니다. 세계 곳곳에서 칼이 보습이 되고 창이 낫이 되는 역사가 일어나기를 기대합니다. 대림절을 맞을 때마다 '현실이 될 가능성'으로서의 이 꿈을 잊지 말아야 합니다. 그리고 그 가능성을 향해 한 걸음이라도 더 나아가야 합니다.

✳ Prayer

주님, 당신이 다스릴 평화의 나라를 기대하게 하소서. 작은 힘으로라도 지금, 여기에서 참여하게 하소서. 예수님의 이름으로 기도드립니다. 아멘.

수요일
12·17

생명을 살린 멘데스의 고무도장

그러나 산파들이 하나님을 두려워하여 애굽 왕의 명령을 어기고 남자 아기들을 살린지라

• 출애굽기 1:17

유발 하라리의 『호모데우스』를 읽다가 감명 깊은 일화를 접했습니다. 1940년, 나치가 프랑스를 장악했을 때의 일입니다. 나치의 탄압이 거세지자 프랑스를 탈출하기 위해 인접 국가에서 비자를 받으려는 유대인들이 급증했습니다. 가장 빠르고 손쉬운 길은 국경이 맞닿아 있는 스페인이나 포르투갈을 통해 육로로 탈출하는 것이었습니다. 그러나 포르투갈 정부는 프랑스에 있는 자국 영사들에게 비자 발급을 전면 중지하라고 명령했습니다. 이때 보르도 주재 포르투갈 총영사였던 소사 멘데스는 매우 용감한 결정을 내립니다. 30년 외교관 경력을 잃을 수도 있는 선택이었지요. 그는 유대인들뿐만 아니라 정치적 난민들이 국경을 넘어갈 수 있도록 열흘 동안 밤낮없이 영사관 문을 열었고, 권한을 박탈당하기 직전까지 탈진할 정도로 비자 발급 고무도장을 찍었습니다. 관료제의 허점을 활용한 것입니다. 권한 정지 이전에 찍은 도장은 유효하거든요. 이 도장 덕분에 국경을 넘어 탈출한 사람이 무려 3만여 명에 이르렀다고 합니다.

하지만 이렇게 선한 일을 한 멘데스의 말로는 비참했습니다. 그는 지위를 박탈당했고, 불충한 공무원으로 낙인찍혀 배

척당한 채 고립과 가난 속에서 생을 마감했습니다. 선하고 위대한 선택을 했지만, 자신을 구하지는 못한 셈입니다. 사람들을 살리면서 동시에 자신도 지킬 방법은 없었을까요? 이웃을 위해 자신을 희생한 그의 말로가 안타깝습니다. 이집트의 파라오 앞에서 명령을 거절하고도 살아남은 히브리 산파들의 지혜로운 전략이 멘데스의 상황에서는 어려웠던 걸까요? 사실 파라오가 바보도 아니고 히브리 산파들의 '뻔한' 거짓말을 눈치채지 못했을 리 없습니다. 거기엔 보다 미묘한 정치적 판단이 있었겠지요. 이미 수적으로 위협이 되는 노예들을 부리는 일인데, 은밀히 행해지던 일을 어찌 드러나게 징벌할 수 있었을까요. 히브리 노예 집단을 괜히 더 들쑤실 필요는 없었을 것입니다.

세상의 법보다 '하나님의 법'을 더 두려워하는 사람들의 선택은 같을지라도, 그 결과는 정세에 따라 달라집니다. 내 선택이 어떤 최종 결과를 가져올지는 우리의 결정과 예측 '바깥'에 있습니다. 하지만 그리스도인이라면 압니다. 내부 사정을 살피고 성공 가능성을 계산해서 결정하는 것은 '하나님의 법'을 따르는 삶과 거리가 멀다는 것을요. 지금 내 손에 들린 것이 고무도장이든, 전문 기술이든 결국 우리의 선택은 하나이지 싶습니다. 유효한 마지막 순간까지 '살리는' 선택을 하는 것, 그리고 그 결과를 겸허하게 하나님께 맡기는 것. 그것이 바로 일상을 '대림'의 자세로 사는 그리스도인의 모습일 겁니다.

✳ Prayer

주님, 지금 우리가 가진 작은 힘으로라도 생명을 보듬고 살리는 선택을 하게 하소서. 예수님의 이름으로 기도드립니다. 아멘.

목요일
12·18

재난을 만든 사람에게 하나님의 자비는 없다

…라마에서 슬퍼하며 통곡하는 소리가 들리니 라헬이 그 자식 때문에 애곡하는 것이라 그가 자식이 없어져서 위로 받기를 거절하는도다

• 예레미야 31:15

가자 지구에서 들려오는 전쟁과 기아의 소식은 너무 자주, 너무 오래 들어서인지 우리도 모르게 점점 무뎌지고 있습니다. 올해는 더욱 참혹했는데도 말입니다. 이스라엘이 미국 민간 보안회사에 식량 배급을 맡긴다는 명목으로 다른 통로의 식량 유입을 차단했다는 사실을 아시나요? 하여, 가자로 들어가지 못한 구호 물품들이 국경 밖에 억류된 채 쌓여 있습니다. 안에서는 사람들이 굶어 죽어가고 있는데 준비한 식량을 반입조차 하지 못하니 참담할 따름입니다. 한 구호단체 책임자는 이렇게 탄식했습니다. "지금 가자 국경 밖에는 주민 전체를 두 달 동안 먹일 수 있는 식량이 있는데 이스라엘이 반입 허가를 하지 않습니다!"

국제사회가 규정하는 식량난의 가장 심각한 5단계 '기아'를 판정하는 기준은 세 가지입니다. 첫째, 특정 지역 가구의 20% 이상이 굶주릴 때. 둘째, 어린이의 30% 이상이 급성 영양실조일 때. 셋째, 하루 사망률이 인구 1만 명당 2명을 초과할 때. 지금 가자 지구는 이 세 가지 조건을 모두 충족하고 있습니다. 주민들은 물론 취재차 현장에 들어간 기자들까지 굶주림에 시달

리고 있답니다. 전문가들은 가자의 상황을 "제2차 세계대전 이래 최악의 의도적인 제노사이드"라고 비판합니다. 유엔 관계자 역시 가자 지구의 기아를 '인위적 기아'라고 규정하며 "20개월 동안 서서히 굶기는 작전"이라고 혹독하게 비난하더군요.

구정은 기자는 자신의 기사(*OdleOdle Magazine* 7월 26일 자)에서 간절히 물었습니다. 깡마른 몸으로 허공을 응시하는 아이들의 사진, 수의에 싸인 채 아사한 소년의 납작한 몸이 세계를 바꾸지 못한다면, 도대체 어느 정도의 사진이라야 사람의 마음을 움직일 수 있겠느냐고요. 수전 손택은 『타인의 고통』에서 사진, 특히 전쟁 사진이 비전쟁 국가의 사람들에게 미치는 영향을 우려했습니다. 우리는 탄식하고 분노하지만, 그것이 우리가 아닌 '타인의 고통'이기에 감정의 극대화를 위해 은근히 더 현장감 있는(가학적이라고까지 볼 수 있는) 사진을 원한다고요. 혹시 우리도 그와 같지 않은지 성찰하게 됩니다. 조회수를 늘리고 판매를 확대하려는 매체에 길들여져, 눈살을 찌푸리면서도 결국 '타인의 고통'마저 소비하고 있는 것은 아닌지….

대림을 묵상하며 자꾸 이런 불편한 이야기를 나누게 되어 저도 마음이 무겁습니다. 하지만 아기 예수님은 1세기 팔레스타인, 사람이 만든 재난의 한복판에서 태어나셨습니다. 그렇기에 대림의 계절에는 우리 마음의 평안보다 세상의 고통을 먼저 묵상하고 돌아보아야 하지 않을까요?

✳ Prayer

주님, 우리를 타인의 고통에 연대하고 참여하는 마음과 실천으로 인도하소서. 예수님의 이름으로 기도드립니다. 아멘.

금요일
12·19

다시 아름다운 물이 흐르고 나무가 푸르기를

너희가 손을 펼 때에 내가 내 눈을 너희에게서 가리고 너희가 많이 기도할지라도 내가 듣지 아니하리니 이는 너희의 손에 피가 가득함이라

• 이사야 1:15

만물이 소생하는 봄, 지난 4월에 일어난 끔찍한 테러 사건을 기억하실 겁니다. 인도 카슈미르 파할감 근교 바이사란 골짜기에서 벌어진 일입니다. 히말라야의 만년설이 녹아 계곡을 따라 흐르고, 상록수들이 곧게 뻗어 있는 언덕이 아름다워 '인도의 스위스'라 불리는 이곳에서 무시무시한 총성이 울려 퍼졌습니다. 비무장 관광객들을 상대로 한 테러였기에 더욱 잔혹했습니다. 무장한 다섯 명이 남자들을 하나씩 잡고 물었답니다. "당신은 무슬림인가?" 무슬림이 아니면 죽임을 당했고, 살기 위해 무슬림이라고 답해도 쿠란의 구절을 암송하지 못하면 여지없이 총살형이었습니다. 그렇게 26명이 목숨을 잃고 17명이 부상을 입었습니다. 피해자 중에는 스위스로 신혼여행을 가고 싶었으나 비자를 받지 못해 '인도의 스위스'를 선택한 인도 해군 장교 부부도 포함되어 있었지요. 남편의 주검 옆에 넋을 잃고 앉아 있는 젊은 아내의 사진은 전 세계를 울렸고, 인도를 분노의 도가니로 몰아넣었습니다.

인도 정부는 곧바로 파키스탄 특수부대 출신의 개입 가능

성을 주장하며 보복전에 나섰습니다. 인도와 파키스탄 모두 핵 보유국이다 보니 긴장은 더욱 고조되었습니다. 인도의 모디 총리는 "배후 세력을 살려두지 않을 것"이라고 엄포하며 1960년에 맺은 〈인더스 조약〉을 파기하고 파키스탄을 상대로 군사 작전을 단행했습니다. 작전명은 '신두르'(Sindoor)! '신두르'는 인도 여성의 이마에 찍는 붉은색 가루로, 결혼한 여성의 상징이라고 합니다. 신혼여행지에서 남편을 잃어 더 이상 신두르를 찍을 수 없게 된 비극적 여인을 정치적 상징으로 소환한 것입니다.

전 세계는 지금 '피 흘리는 손'으로 가득합니다. 바이사란 골짜기는 힌두의 성지이기도 하다는데, 어디 이곳뿐이겠습니까. 역사를 돌아보면 오히려 거룩한 성지에서 더 많은 피 흘림이 있었죠. 생명을 낳으신 여호와께서는 분명 피 흘린 손으로 드리는 제사를 받지 않겠다고 하셨는데 말입니다. "헛된 제물을 다시 가져오지 말라 분향은 내가 가증히 여기는 바요 월삭과 안식일과 대회로 모이는 것도 그러하니 성회와 아울러 악을 행하는 것을 내가 견디지 못하겠노라."(사 1:13)

매주 찬송과 경배의 소리가 전 세계에 가득하고, 매년 평화의 왕이 오심을 기리는 예배가 반복되지만, 어쩌면 여호와께서는 우리의 회합을 기뻐하지 않으실지도 모릅니다. 부디 우리의 손이 생명을 살리는 데로 향하여 하나님의 피조물이, 뭇 생명이, 자연이 다시 푸르고 생기 가득하게 되기를 소망합니다.

✳ Prayer

주님, 거룩한 청지기의 사명을 성실히 수행하여 만물의 회복을 가져오는 그리스도인이 되게 하소서. 예수님의 이름으로 기도드립니다. 아멘.

주님과 함께할 이름다운 내 본향

슈베르트의 가곡 〈송어〉

나는 이맘때쯤 강의 상류 맑은 물에서 태어났습니다. 겨울이 지나자 얼음 녹은 물이 쉬지 않고 흘러갑니다. 이젠 몸집도 커졌고 저 아래쪽 세상이 궁금하기도 하여 길을 떠났습니다. 강은 점점 넓어졌고 물맛이 전과는 사뭇 다른 곳까지 이르렀습니다. 바다였습니다. 이곳에서 몇 해를 보내며 친구도 만났습니다. 산란해야 할 때가 되었을 즈음 문득 고향이 그리워졌습니다. 무엇보다 앞으로 태어날 후손들에게 아름다운 고향을 보여주고 싶었습니다. 그래서 온갖 위험을 무릅쓰고 강의 상류로 돌아왔습니다. 잠시 후에는 산란을 마치고 생을 마감할 겁니다. 나는 '송어'(松魚, trout)입니다. 1817년 '가곡의 왕' 프란츠 슈베르트(F. Schubert, 1797-1828)는 나를 주제로 한 노래까지 만들었습니다. 그런데 한국에서는 나를 '숭어'(崇魚, mullet)라는 엉뚱한 이름으로 부르기도 했습니다. 알고 보니 일제강점기에 잘못된 번역이라고 하더군요.

> 거울같이 맑은 강물에 송어가 뛰노네 / 이렇게 맑은 물에선 송어를 잡을 수 없네 / 어부는 꾀를 내어 흙탕을 일으켜 / 물을 흐리게 한 후 송어를 잡았네

가곡 〈송어〉의 가사입니다. 당시 유럽은 시민혁명의 여파로 사회적 분위기가 매우 어수선했습니다. 가사는 이런 상황을 은근히 비판하고 있습니다. 실제 작시자는 여러 편의 풍자시로 인해 옥고까지 치른 인물입니다. 하지만 슈베르트는 이 곡을 특별한 목적 없이 단지 '슈베르티아데'(Schubertiade)라는 자신의 팬클럽 성격의 모임에서 부르려고 만들었습니다. 작사의 배경과 작곡의 경위야 어떻든 간에 피아노 반주부는 송어의 빠른 움직임을 묘사하며, 물결처럼 일렁이는 선율은 가사와 절묘하게 조화를 이룹니다.

송어의 여정은 하나님 나라를 사모하며 세상을 살아가는 그리스도인의 행로와 유사합니다. 곳곳에 위험이 도사리고 있기 때문이지요. 어부의 낚시와 포식동물이 송어를 위협하듯, 사탄은 우리를 집요하게 공격합니다. 때로는 넘어지지만 힘을 다해 일어나려 합니다. 가야 할 곳이 있기 때문이지요. 우리의 목적지는 저 높은 곳, 영원한 생명의 낙원입니다. 그래서 대림절은 행진의 계절입니다.

유튜브에서 듣기
슈베르트의 가곡 〈송어〉
https://bit.ly/4h4eQl4

대림절 넷째 주

12.21.–12.24.

함께 드리는 대림절 기도문 4

오늘 하루, 기다리게 하소서

주일
12·21

대한기독교서회 사장 **서진한**

말씀이 육신이 되시어 평화의 왕 아기 예수 이 어둔 땅에 오게 하셨으니 우리 주 하나님의 크고 크신 은혜를 찬양합니다.

오늘 하루, 평화의 주님 고대하는 기다림으로 보낼 수만 있다면,
저는 복되고 복된 사람입니다.
그러나 평화의 세상을 그리 간절히 기다리지 않으니
주님 저를 긍휼히 여기시고 자비를 베풀어주시옵소서.

골방에서 거리에서, 어둠이 세상 덮친다, 방파제 되어 막아야 한다, 큰소리로 외칩니다.
하지만 정말 깊은 어둠은 우리 속에 있고 제 속에 있으니
주님 우리를 불쌍히 여기시고 은총을 베풀어주시옵소서.

학살로 울부짖었던 민족이 이제 애먼 민족을 도륙합니다.
거룩한 분의 이름으로.
힘으로 세계의 규칙을 변경하고 재화를 강탈합니다.
높으신 분의 이름을 읊으며.

세력으로 어느 것이 옳은지를 정하고 반대편을 정죄합니다.
진리의 이름으로.

가끔 아주 가끔 제대로 들여다보는 제 속,
주님을 십자가로 몰아간 이천 년 전 그 모든 것 다 제 속에 있습니다. 편을 가르고 상대를 몰아내고 싶은 마음, 내 결정이 절대 옳고 너희는 틀렸다는 믿음, 우리 판단이 정의의 기준이라는 신념, 우리의 상식이 정상이고 너희는 비정상이라는 확신, 상대에 대한 분노, 자신이 중심인 그 이기심, 이 모든 것이 도사리고 있습니다. 선과 신앙과 명분의 베일 아래 감춰져 있습니다.

주 하나님 우리를 불쌍히 여기시고 은혜를 베풀어주시옵소서.
대림을 기다리는 우리에게 빛을 비추시옵소서.
우리 속의 어둠을 물리쳐주시옵소서.
통곡하고 참회하게 하시옵소서. 낮아지게 하시옵소서.
평화를 이루는 사람이 되게 하시옵소서.

주 하나님 '어둠에 앉은 백성들'의 비탄을 들으시고 이 땅에 평화를 내려주시옵소서. 힘과 폭력이 난무하는 세상에 평화의 희망이 동트게 하시옵소서.
평화의 주님께서 탄생하시기를 바라는 우리의 기다림이
파수꾼이 새벽을 기다리듯 간절하게 하시옵소서.

우리 주 예수 그리스도의 이름으로 기도드립니다. 아멘.

월요일
12·22

자유와 해방의 날, 희년의 기쁨

주의 성령이 내게 임하셨으니 이는 가난한 자에게 복음을 전하게 하시려고 내게 기름을 부으시고 나를 보내사 포로된 자에게 자유를, 눈 먼 자에게 다시 보게 함을 전파하며 눌린 자를 자유롭게 하고 주의 은혜의 해를 전파하게 하려 하심이라 하였더라 • 누가복음 4:18-19

'인류세', 지금 우리가 살아가는 시기를 지질학적으로 이렇게 부릅니다. 현재 지구의 지질학적 특징을 규정하는 가장 큰 생물 종이 '인류'라는 말이지요. 이 개념은 노벨화학상 수상자인 파울 크뤼천이 지난 2000년 한 회의에서 처음 언급하면서 대중적으로 알려졌습니다. 그럼 언제부터가 인류세인 걸까요? 농담 반, 진담 반으로 사람들은 '프라이드치킨'이 발명된 때부터라고 말합니다. 지질학에서는 특정 시기를 구분할 때 단층을 연구해 무엇이 묻혀 있는지를 살피거든요. 그런데 인류세의 지층에서 압도적으로 많이 발견되는 것이 바로 '닭 뼈'랍니다. 닭의 개체수가 폭발적으로 증가한 것도 다 인류의 선택 때문이지요. 사람의 수보다 서너 배를 웃돈다는 닭의 개체수! 어느 통계에서는 여덟 배까지도 추정하더군요. 이쯤 되면 한 다큐멘터리의 제목처럼 지구를 '닭들의 행성'이라고 불러도 될 지경입니다. 물론 닭이 많다고 해서 닭이 주인인 행성은 아니지요. 인간의 필요에 따라 어떤 종은 기하급수적으로 늘리고, 어떤 종은 멸

종 위기까지 몰아가는, 그야말로 사람이 뭇 생명의 생사를 좌우하는 시기가 인류세인 것입니다.

하나님의 형상대로 창조되어 '다스림'(돌봄)의 능력을 부여받은 호모 사피엔스가 지층에 남기는 흔적이 부정적이라 마음이 무거웠는데, 올여름 한 신문 기사에서 반가운 소식을 접했습니다. 폭염으로 바닷물 온도가 급상승하자 남해의 양식장 어부들이 우럭 등 양식하던 물고기들을 바다에 풀어주었다는 겁니다. 아무래도 모아놓은 물은 온도가 더 빨리 올라가니까요. 넓은 바다에서 생존 가능성을 높이라는 아름다운 마음이었겠지요. 기사의 제목도 심금을 울렸습니다. "풀어줄 테니 살아남아라." 어디 그뿐인가요? 기습 폭우로 주인이 모두 피난 간 집에서 줄에 묶인 채 물에 빠지지 않으려고 코를 치켜들며 동동거리는 개를 구하기 위해 지나가던 청년이 흙탕물 속으로 뛰어드는 영상도 보았습니다. 기어이 살려낸 그의 얼굴은 뿌듯하고 밝았습니다. 최근엔 페이스북 지인이 높은 데서 떨어져 다친 아기 고양이를 살리려고 페친(페이스북 친구)들의 집단 지혜를 모아 결국 회복시킨 과정도 보았지요.

하나님께서 종국에 이루실 만물의 회복! 그 놀라운 우주사적 구원의 날까지 우리의 행보가 부디 '풀어주는' 것이기를 기대합니다. 주님께서 우리를 '풀어주러' 이 땅에 오신 것처럼.

✳ Prayer

하나님께서 창조하신 세상의 존속이 사람에게 달려 있다는 막중한 책임감을 느낍니다. 부디 살리는 손, 풀어주러 가는 발로 참여하게 하소서. 예수님의 이름으로 기도드립니다. 아멘.

화요일
12·23

보호 밖의 사람들을 기억하게 하소서

이에 헤롯이 박사들에게 속은 줄 알고 심히 노하여 사람을 보내어 베들레헴과 그 모든 지경 안에 있는 사내아이를 박사들에게 자세히 알아본 그 때를 기준하여 두 살부터 그 아래로 다 죽이니 • 마태복음 2:16

이태원 참사를 수습했던 갓 서른 살의 소방대원이 끝내 주검으로 발견되었습니다. 모두가 피해자와 유족들에게만 신경 쓰고 있는 사이 다가온 비극적인 사건이었죠. 그가 '미안하다'는 쪽지만 남긴 채 사라졌을 때, 청년의 행적을 추적하던 경찰뿐 아니라 시민들 역시 살아 돌아오기를 간절히 기원했습니다. 그러나 고속도로 갓길에 차를 세우고 휴대전화까지 버린 흔적을 보며 이미 희망이 없음을 알아차렸고, 마음이 무거워졌지요. 열흘 뒤, 10km쯤 떨어진 곳에서 그의 시신이 발견되었습니다.

159명의 목숨을 앗아간 이태원 참사. "놀다 죽은 것 아니냐, 그것도 퇴폐적이고 이교적인 '악령들의 날'을 무분별하게 즐기려다 비극을 자초한 '한심한' 청년들 아니냐." 이런 혐오 발언도 없지는 않았습니다만, 그래도 다수의 시민은 젊은 생명들이 당한 대참사 앞에 애통하고 애도했습니다. 2022년 10월의 일이었으니, 벌써 3년이란 세월이 흘렀네요. 하지만 누군가에겐 '벌써'가 아닌 시간이었던 것이지요. 이번 일로 알게 된 사실인데, 또 다른 소방관도 올해 자택에서 스스로 목숨을 끊었다고 합니다. 40대였던 그는 참사 당시 용산소방서 소속으로 출동했고, 이후 우울 증세를 호소했습니다. 올 2월에는 참사 트라우마로 인한 공무상 요양을 신청했지만, 업무 관련성을 인정받지 못해 승인받지 못했다고 하네요.

아기 예수님의 탄생 직후에도 안타까운 집단 사망 사건이 있었습니다. 살해 사건이라고 해야 더 맞겠네요. 헤롯이 베들레헴과 그 지경에 있는 어린 남자 아기들을 무참히 죽인 사건이니까요. '지경'은 얼마만큼의 범위일까요? 교통수단이나 행정제도, 문화에 따라 달리 추산되겠지만, 걷는 것이 일상이던 당시의 생활반경을 고려하면 대략 2-3km 정도였을 것입니다.

베들레헴은 작은 마을입니다. 비극적 죽임을 당한 아기들이 수십 명이든, 수백 명이든 그 작은 마을 안에서 같은 날 한꺼번에 살해당했다는 것은 온 마을 전체가 극심한 고통을 겪게 되었음을 의미합니다. 집단적 트라우마는 이루 말할 수 없었겠지요.

그날을 떠올리며 기도합니다. 우리가 성탄의 기쁨에 취해 정작 지금 우리 곁, 보호 '밖'에 있는 사람들을 보지 못하는 실수를 저지르지 않기를….

✳ Prayer

주님, 기쁨의 계절이지만 여전히 고통과 슬픔으로 가득한 사람들을 돌아보게 하소서. 예수님의 이름으로 기도드립니다. 아멘.

수요일
12·24

달콤함에 가려진 피와 땀과 눈물

피로 성읍을 건설하며 불의로 성을 건축하는 자에게 화 있을진저

• 하박국 2:12

성탄절에 어울리는 문화적 상징은 무엇일까요? 성경과는 전혀 관련이 없지만, 아마도 많은 사람들이 성탄절 케이크를 떠올릴 겁니다. 요즘에는 달콤한 디저트를 언제든 먹을 수 있지만, 불과 얼마 전까지만 해도 케이크는 생일이나 성탄절 같은 아주 특별한 날에만 맛볼 수 있는 특별 간식이었지요. 퇴근하는 아버지의 손에 들린 빨간 포장의 성탄절 케이크에 아이들이 환호하는 소리가 들리는 듯합니다.

성탄절 케이크는 유난히 소비량이 많기 때문에 공장은 대량 생산을 위해 더 바빠지고, 노동자들의 손과 발은 더욱 분주해집니다. 그러다 보니 사고가 나기 쉽습니다. 우리나라에서 케이크 공급의 대명사로 불리는 한 제빵회사는 수년째 노동자의 사망사고로 악명이 나 있습니다. 소스통에 빠져 숨지고, 반죽통에 끼어 숨지고…. 더 끔찍한 것은 그럼에도 생산 라인은 돌아가야 하기에 동료가 죽은 바로 옆자리에서 일을 할 수밖에 없다는 겁니다. 사람 심리가 그렇습니다. 처음엔 경악하고 슬프고 분노하다가도, 반복되다 보면 어느새 익숙해집니다. 게다가 실적 위주로 쪼아대는 기업 구조 속에서 살아남으려면 잊을 수

밖에 없습니다. 내부자의 증언에 따르면 그 제빵회사의 기업문화 역시 그러하답니다.

〈피, 땀, 눈물〉. 케이팝으로 유명한 한 그룹의 대표곡 제목입니다만, 이것만큼 적절한 단어 조합도 없네요. 설탕과 코코아 가루가 솔솔 뿌려지고 반짝이는 장식과 아름다운 크림으로 꾸며진 케이크 상자를 열며, 우리는 그 안에 감춰진 피와 땀과 눈물을 보지 못합니다. 그래서 케이크도 먹지 말라고요? 새벽 배송의 편리함도 거절하라고요? 그런 극단적인 주장을 하려는 게 아닙니다. 다만, 연말의 들뜬 분위기와 더불어 성탄절이 화려한 소비를 부추기는 문화의 상징이 되지 않기를 바라는 마음입니다.

아기 예수님이 탄생하신 기쁜 계절을 우울하게 보내자는 뜻도 아닙니다. 그보다는 '지금 이곳에 주님이 오신다면 무엇을 가장 애통해하실까?' 이런 질문으로 한 해를 돌아보며, 다가올 새해가 주금은 더 '희녀의 질서'에 가까워지기를 기도하는, 조용하고 성찰적인 성탄의 계절이 되기를 바라는 마음입니다.

'저 들 밖에 한밤중에 양 떼들 사이에 끼어 추위를 피하던' 가난한 목동들에게 성탄의 기쁜 소식이 들렸던 것처럼, 적어도 우리 그리스도인만큼은 세상이 건네는 달콤함에 빠져 이 계절을 피와 땀과 눈물로 보내는 이들을 외면하지 않기를….

✳Prayer

주님, 매년 돌아오는 성탄의 계절에 소외된 이웃, 저 밖의 사람들을 기억하는 우리가 되게 하소서. 예수님의 이름으로 기도드립니다. 아멘.

집필진

백소영 이화여자대학교와 동 대학원에서 기독교학/기독교사회윤리학을 전공(B.A., M.A.)했고, 미국 보스턴대학교 신과대학에서 기독교사회윤리학/비교신학으로 박사학위(Th.D.)를 받았다. 이화여자대학교 이화인문과학원 HK연구교수(2007-13), 이화여자대학교 기독교학과 교수(2016)를 거쳐 현재는 강남대학교 기독교커뮤니케이션학과 교수로 재직 중이다. 지은 책으로는 『살아내고 살려내고』, 『적당맘 재능맘』, 『엄마 되기, 힐링과 킬링 사이』, 『우리의 사랑이 義롭기 위하여』 등이 있다.

조은영 (사)한국YWCA연합회 회장

김경민 한국YMCA전국연맹 사무총장

나이영 기독교방송(CBS) 사장

서진한 대한기독교서회 사장

이 준 작곡가, 지휘자

2025 대림절 묵상집
메시아를 기다리는 그 밖의 사람들

2025년 10월 30일 초판 1쇄

엮은이 한국YWCA연합회 · 한국YMCA전국연맹 · 기독교방송 · 대한기독교서회
펴낸이 서진한
펴낸곳 대한기독교서회

등록 1967년 8월 26일 제1967–000002호
주소 서울시 강동구 성내로 16(성내동)
전화 출판국 02-553-0873~4, 영업국 02-553-3343
팩스 출판국 02-3453-1639, 영업국 02-555-7721
https://www.clsk.org e-mail editor@clsk.org
facebook.com/clskbooks instargram.com/clsk1890

책번호 2406 ISBN 978-89-511-2186-9 03230

The Christian Literature Society of Korea, Seoul
Printed in Korea

• 책값은 뒤표지에 있습니다.